ARTHUR SCHOPENHAUER

Du néant de la vie

Traduction de l'allemand par
Auguste Dietrich

Postface de
Didier Raymond

Couverture de
Olivier Fontvieille

ÉDITIONS MILLE ET UNE NUITS

SCHOPENHAUER
n° 451

Ce recueil comprend les textes :
« Sur la doctrine de l'indestructibilité de notre être réel par la mort »
et « Affirmation et négation de la volonté de vivre », extraits des
chapitres X et XIV des *Parerga & Palipomena*
(première traduction française avec préface et notes
par Auguste Dietrich, Paris, Alcan, 1906).

Notre adresse Internet : www.1001nuits.com

ISBN : 978-2-84205-834-0

Sommaire

ARTHUR SCHOPENHAUER

Du néant de la vie

Sur la doctrine de l'indestructibilité de notre être réel par la mort

Quoique j'aie traité ce sujet avec suite et en détail dans mon œuvre principale[1], je crois néanmoins qu'un petit supplément de réflexions séparées sur ce point jettera toujours quelque nouvelle lumière sur lui, et ne sera pas sans valeur pour plus d'un lecteur.

Il faut lire la *Selina*[2] de Jean-Paul, pour voir comment un esprit des plus éminents devient la victime des absurdités d'une idée fausse, à laquelle il ne veut pas renoncer, parce qu'il y a mis tout son cœur, mais en restant perpétuellement troublé par les extravagances qu'il ne peut digérer. C'est l'idée de la persistance individuelle de notre entière conscience personnelle après la mort. Précisément cette lutte désespérée de Jean-Paul prouve que de telles idées, composées de faussetés et de vérités,

1. *Cf. Le Monde comme volonté et comme représentation.* (N.d.É.)

2. *Selina, oder über die Unsterblichkeit der Seele* (1836), œuvre posthume (inachevée) de Johann Paul Friedrich Richter, dit Jean-Paul. (N.d.É.)

loin d'être, comme on l'affirme, des erreurs salutaires, sont plutôt carrément nuisibles. En effet, la véritable connaissance, reposant sur la distinction entre le phénomène et la chose en soi, de l'indestructibilité de notre être proprement dit, en tant que laissé intact par le temps, la causalité et le changement, est rendue impossible par la fausse opposition de l'âme et du corps, comme aussi par l'élévation de la personnalité entière à une chose en soi qui doit éternellement exister ; mais, de plus, cette fausse conception ne peut pas même être regardée comme représentant la vérité, parce que la raison se soulève toujours de nouveau contre l'absurdité qui y réside au fond, et doit renoncer, en même temps qu'à l'absurdité, à la vérité qui s'y trouve amalgamée. Car, à la longue, la vérité peut seulement exister dans sa pureté. Mêlée à des erreurs, elle participe à leur fragilité. C'est ainsi que le granit se désagrège, quand son feldspath se décompose, quoique le quartz et le mica ne soient pas exposés à cette décomposition. Les choses vont donc mal pour les succédanés de la vérité.

Quand, dans les rapports quotidiens de la vie, on est interrogé sur la continuation de l'existence après la mort par un de ces gens qui voudraient tout savoir, mais ne veulent rien apprendre, la réponse la plus convenable et aussi la plus correcte est évidemment celle-ci : « Après ta mort, tu seras ce que tu étais avant ta naissance. » Elle implique en effet l'absurdité qui consiste à vouloir qu'un genre d'existence qui a un commencement n'ait pas de fin ; elle renferme en outre l'indication qu'il pourrait bien y avoir deux sortes d'existences, et, conséquemment, deux sortes de néant. De même on pourrait répondre : « Ce que tu seras après ta mort – même si tu n'es rien – sera pour toi aussi naturel et te conviendra autant, qu'aujourd'hui, ton existence individuelle organique. Tu n'as donc à redouter tout au plus que le moment de la transition. Oui, puisque l'examen attentif de la chose apporte ce résultat, que la non-existence complète serait préférable à une existence comme la nôtre. Ainsi la pensée de la cessation de notre existence, ou d'un temps où nous ne serons plus, doit raisonnablement aussi peu nous attrister que la pensée que nous n'aurions jamais existé. Or, comme cette existence est essentiellement personnelle, la fin de la personnalité ne doit pas être regardée comme une perte. »

À celui qui, au contraire, aurait suivi, par la voie objective et empirique, le sentier plausible du matérialisme, et qui maintenant, saisi de terreur à l'idée du complet anéantissement par la mort qui s'empare de lui, s'adresserait à nous, nous apporterions peut-être la tranquillité de la façon la plus simple et répondant à son mode empirique de pensée, en lui démontrant la différence entre la matière et la force métaphysique qui en prend toujours temporairement possession. Il en est ainsi dans l'œuf de l'oiseau, dont la fluidité si homogène et si informe revêt aussitôt, avec la température requise, la forme si compliquée et exactement déterminée du genre et de l'espèce de l'oiseau à en naître. Ceci est en une certaine mesure une sorte de *generatio æquivoca*[3] ; et il est très vraisemblable que la série ascendante des formes animales est imputable au fait qu'un jour, aux temps primitifs et dans un heureux moment, elle s'éleva du type de l'animal auquel l'œuf appartenait, à un type plus élevé. En tout cas, quelque chose de distinct de la matière apparaît ici de la façon la plus claire, d'autant plus que la moindre circonstance défavorable l'empêche d'aboutir. On sent par là que, après un acte accompli ou ultérieurement entravé, ce quelque chose peut de même se séparer de la matière, en restant intact ; un fait qui indique une tout autre permanence que la persistance de la matière dans le temps.

Si nous nous imaginons un être connaissant, comprenant et voyant tout, la question de notre

3. Littéralement : « engendrement double ». (N.d.É.)

persistance après la mort n'aurait sans doute aucun sens pour lui, parce qu'au delà de notre existence actuelle, temporelle et individuelle, persistance et cessation n'auraient plus de sens et seraient des idées impossibles à distinguer. En conséquence, ni l'idée de destruction ni celle de persistance ne trouveraient leur application à notre être réel et vrai ou à la chose en soi se représentant dans notre phénomène, vu que ceux-ci sont empruntés au temps, qui est seulement la forme du phénomène[4]. En attendant, nous pouvons nous imaginer l'indestructibilité de ce noyau de notre phénomène comme une simple continuation de celui-ci, et, il faut l'ajouter, conformément au schéma de la matière, qui, à travers toutes les modifications de ses formes, se maintient dans le temps. Mais si nous refusons à celui-ci cette continuation, nous regardons notre fin temporelle comme un anéantissement, d'après le schéma de la forme, qui disparaît quand la matière qui la porte lui fait défaut. Tous deux sont néanmoins une μετάβασις εἰς ἄλλο γένος[5], c'est-à-dire un transport des formes du phénomène à la chose en soi. Mais d'une indestructibilité qui ne serait pas

4. Grâce à la forme de la connaissance du *temps*, l'homme (c'est-à-dire l'affirmation de la volonté de vivre à son plus haut degré d'objectivation) se fait l'idée de constituer une espèce d'être qui naît et meurt toujours de nouveau. (N.d.A.)
5. Un « changement d'espèce ». (N.d.É.)

une continuation, nous pouvons nous former à peine une idée abstraite, parce que toute perception nous manque pour la confirmer.

En réalité, la naissance constante de nouveaux êtres et l'anéantissement constant des êtres existants doivent être regardés comme une illusion produite par un appareil de deux verres polis (fonctions du cerveau), par lesquels seuls nous pouvons voir quelque chose. Ils se nomment espace et temps, et, dans leur pénétration réciproque, causalité[6]. Car tout ce que nous percevons dans ces conditions est un simple phénomène ; mais nous ne connaissons pas les choses telles qu'elles peuvent être en elles-mêmes, c'est-à-dire indépendantes de notre perception. Ceci est proprement le noyau de la philosophie kantienne, qu'on ne peut trop souvent rappeler, après une période où la charlatanerie vénale a, par son système d'abrutissement, chassé la philosophie de l'Allemagne, avec l'aide empressée de gens pour lesquels la vérité et l'intelligence sont les choses les plus indifférentes du monde, et les appointements ou les honoraires les choses les plus importantes.

---

6. Cette existence qui ne participe pas à la mort de l'individu, n'a pour forme ni temps ni espace. Mais tout ce qui est réel pour nous, apparaît dans ceux-ci : c'est par là que la mort nous paraît être l'anéantissement. (N.d.A.)

Comment peut-on supposer, en voyant mourir un être humain, qu'en ce cas une chose en soi-même soit réduite à rien ? Que plutôt un simple phénomène dans le temps, cette forme de tous les phénomènes, trouve sa fin sans que la chose en soi-même en soit affectée, c'est ce que chaque être humain sait par une intuition directe. De là vient qu'on s'est efforcé d'exprimer la chose en tout temps, et sous les formes et les expressions les plus diverses ; mais toutes ces formes et ces expressions, empruntées au phénomène dans son sens proprement dit, ne se rapportent qu'à lui. Chacun sent qu'il est quelque chose de différent d'un être qui a été un jour créé de rien par un autre être. Il conclut de là que la mort peut bien mettre fin à sa vie, mais non à son existence. Celui qui regarde son existence comme limitée à sa vie actuelle, se regarde comme un rien animé : trente ans auparavant il n'était rien, et dans trente ans il sera de nouveau rien. De ma prémisse : « le monde est ma représentation », s'ensuit cette conséquence : « je suis d'abord, ensuite le monde est ». C'est ce qu'on ne devrait pas oublier, pour ne pas confondre la mort avec l'anéantissement[7].

7. Croire que la vie est un roman auquel manque la suite, comme au *Visionnaire* de Schiller, d'autant plus qu'elle s'interrompt souvent au milieu du texte, à l'imitation du *Voyage sentimental* de Sterne, c'est,

Plus un homme a la conscience claire de la fragilité, du néant et de la nature chimérique de toute chose, plus aussi il a la conscience claire de l'éternité de sa propre essence intime. Ce n'est en effet que par opposition à elle que l'on reconnaît la susdite nature des choses, comme on ne perçoit la course rapide d'un vaisseau qu'en le regardant de la terre ferme, et non en contemplant le vaisseau lui-même.

Le présent a deux moitiés : l'une objective, l'autre subjective. La moitié objective seule a pour forme l'intuition du temps, et ne cesse donc de rouler en avant. La moitié subjective reste immobile, et par conséquent la même. De là naissent notre vivant souvenir du lointain passé et la conscience de notre immortalité, en dépit de la constatation de la rapidité de notre existence.

Chacun doit penser que son essence la plus intime est quelque chose qui renferme le présent et le porte avec lui.

À quelque moment qu'il puisse nous arriver de vivre, nous nous tenons toujours avec notre conscience au centre du temps, jamais à ses extrémités; et nous pourrions en conclure que chacun

au point de vue esthétique comme au point de vue moral, une idée impossible à digérer. (N.d.A.)

porte en soi-même le centre immuable du temps infini. C'est aussi ce qui nous donne au fond la confiance avec laquelle nous vivons exempts de l'effroi perpétuel de la mort. Mais celui qui, grâce à la puissance de ses souvenirs et de son imagination, est en état de se représenter le plus vivement le long passé de sa propre vie, sera plus clairement conscient que les autres de l'*identité du temps présent en tout temps*. Peut-être même cette proposition est-elle plus exacte au rebours. En tout cas, cette conscience plus claire de l'identité de tout temps présent est une obligation essentielle de la vocation philosophique. Par son moyen on conçoit ce qui est le plus fugitif, – le « maintenant » –, comme la seule chose durable. Celui qui se rend compte, par cette voie intuitive, que le présent, qui est la forme unique de toute réalité au sens le plus étroit, a sa source *en nous*, et découle par conséquent du dedans et non du dehors, celui-là ne peut pas douter de l'indestructibilité de son propre être. Il comprendra plutôt que par sa mort le monde objectif, avec le médium de sa représentation, l'intellect, périt pour lui, mais que cela n'atteint pas son existence, car il y avait autant de réalité dedans que dehors. Il dira en pleine compréhension : ἐγώ εἰμι πᾶν τὸ γεγονὸς, καὶ ὄν καὶ ἐσόμενον (« je suis tout ce qui a été, tout ce qui est, tout ce qui sera ») (Stobée, *Florilegium*, titre XLIV, 42).

Celui qui n'admet pas tout cela, doit soutenir le contraire, et dire : « Le temps est quelque chose de purement objectif et réel, qui existe tout à fait indépendamment de moi. J'y ai été jeté seulement par hasard, ai participé à une petite portion de lui, et par celle-ci j'ai atteint à une réalité passagère, comme des milliers d'autres avant moi, qui maintenant ne sont plus ; et moi bientôt aussi je ne serai rien. Le temps, au contraire, est la chose réelle. Il continuera à marcher sans moi. » Je crois que la fausseté fondamentale et même l'absurdité de cette manière de voir se révèlent à la netteté de l'expression.

Il résulte de tout cela que la vie peut être regardée comme un rêve, et la mort comme un réveil. Mais alors la personnalité, l'individu, appartient à la conscience qui rêve et non à celle qui est éveillée, raison pour laquelle la mort se présente au premier comme un anéantissement. En tout cas il ne faut pas, de ce point de vue, la regarder comme la transition à un état entièrement nouveau et étranger pour nous, mais plutôt comme le retour à notre état primitif, dont la vie n'a été qu'un court épisode.

Si, en attendant, un philosophe allait s'imaginer qu'il trouverait dans la mort une consolation propre à lui seul, en tout cas une diversion, et qu'alors se résoudrait un problème qui l'a si souvent occupé, il est probable qu'il lui adviendrait ce qui advient à celui qui, au moment de trouver ce qu'il cherche, voit s'éteindre sa lanterne[8].

Car, dans la mort, la conscience périt assurément, mais nullement ce qui l'avait produite jusque-là. La conscience repose immédiatement sur l'intellect, mais celui-ci repose sur un processus physiologique. Ce processus est manifestement le fonctionnement du cerveau, et il a par conséquent pour condition la coopération des systèmes nerveux et cellulaire, mais plus directement le cerveau, qui est nourri, animé et continuellement agité par le cœur. C'est par la construction artistique et mystérieuse du cerveau, tel que l'anatomie le décrit, mais que la physiologie ne le comprend pas, que le phénomène du monde objectif et le rouage de nos pensées s'effectuent. Une conscience individuelle, c'est-à-dire une conscience proprement dite, ne peut se concevoir chez un être incorporel, puisque la connaissance – condition de toute conscience – est nécessairement une fonction du cerveau, pour la raison que l'intellect se manifeste objectivement comme cer-

8. Pour nous, la mort est et reste une chose négative : la cessation de la vie. Mais elle doit avoir aussi un côté positif, qui cependant nous reste caché, parce que notre intellect est absolument incapable de le saisir. Aussi reconnaissons-nous bien ce que nous perdons par la mort, mais non ce que nous gagnons par elle. (N.d.A.)

veau. L'intellect apparaissant donc, physiologiquement, c'est-à-dire dans la réalité empirique, dans le phénomène, comme une chose secondaire, comme un résultat du processus vital, il est secondaire psychologiquement aussi par rapport à la volonté, qui seule est la chose primaire et toujours la chose primitive. L'organisme lui-même n'est en réalité que la volonté se déployant clairement et objectivement dans le cerveau, et par conséquent dans ses formes d'espace et de temps ; c'est ce que j'ai souvent expliqué, et l'on peut se référer particulièrement à *La Volonté dans la nature* et aux additions au *Monde comme volonté et comme représentation* (chap. XX). Puisque la conscience ne dépend pas directement de la volonté, mais est conditionnée par l'intellect, tandis que celui-ci l'est par l'organisme, il ne reste aucun doute que la conscience s'éteint par la mort, comme déjà, d'ailleurs, par le sommeil et l'évanouissement[9]. Mais rassurons-nous. Quel est en effet ce genre de conscience ? Une conscience cérébrale, animale, un peu plus développée que celle des bêtes, en tant qu'elle nous est commune, dans son essence, avec la série animale tout entière, bien qu'elle atteigne son

9. Ce serait en vérité charmant, si la mort ne détruisait pas l'intellect. Alors on emporterait tout chaud dans l'autre monde le grec qu'on a appris dans celui-ci. (N.d.A.)

sommet en nous. Elle est par son but et son origine, comme je l'ai suffisamment démontré, une pure μηχανη[10] de la nature, un moyen de connaître les besoins animaux et de leur venir en aide. L'état auquel la mort nous ramène, au contraire, est notre état originel, c'est-à-dire l'état propre de l'être dont la force primitive se manifeste par la production et le maintien de la vie qui maintenant cesse. C'est, en un mot, l'état de la chose en soi par opposition au phénomène. Or, dans cet état primitif, un pis-aller comme la connaissance cérébrale, si extrêmement médiate et ne transmettant pour cette raison que des phénomènes, est sans aucun doute entièrement superflu ; aussi le perdons-nous. Sa disparition est pour nous la même chose que la cessation du monde phénoménal, dont il était le simple médium, et ne peut servir à rien d'autre. Si, dans cet état primitif, on nous offrait de conserver cette conscience animale, nous la rejetterions comme le paralytique guéri rejette ses béquilles. Celui donc qui déplore la perte en perspective de cette conscience cérébrale purement phénoménale et adaptée au phénomène, est comparable aux Groenlandais convertis, qui ne voulaient plus aller au ciel, quand ils apprirent qu'il n'y avait pas là de phoques.

10. Littéralement : « invention ingénieuse », « ruse ». (N.d.É.)

Au reste, tout ce que je dis ici repose sur la supposition que nous ne pouvons nous représenter un état non inconscient autrement que comme un état connaissant, qui par conséquent porte en soi la forme fondamentale de toute connaissance : la division en sujet et en objet, en chose qui connaît et en chose qui est connue. Mais nous devons considérer que cette forme entière du connaissant et du connu est conditionnée uniquement par notre nature animale, par conséquent très secondaire et dérivée ; ce n'est donc aucunement l'état originel de toute entité et de toute existence qui peut, par conséquent, être tout différent, et, cependant, non inconscient. Même notre propre nature présente, autant que nous pouvons la scruter dans son intimité, est donc pure volonté ; et celle-ci est déjà en elle-même incognitive. Quand, par la mort, nous perdons l'intellect, nous sommes simplement transportés par là dans notre état primitif dépourvu de connaissance, mais qui n'est pas absolument inconscient ; c'est sans doute plutôt un état supérieur à cette forme-là, où l'opposition du sujet et de l'objet disparaît. C'est qu'ici la chose à connaître ne ferait réellement et directement qu'*un* avec la chose qui connaît, et ainsi la condition fondamentale de toute connaissance, précisément cette opposition, ferait défaut. On peut se référer à ce sujet, pour les détails, aux additions au *Monde comme volonté et comme repré-*

sentation (chap. XXII). Giordano Bruno a exprimé les mêmes idées que moi, lorsqu'il a dit : *La divina mente, e la unità assoluta, senza specie alcuna, è ella medesimo lo che intende, e lo ch'è inteso.* (« L'esprit divin, et l'unité absolue, sans aucun doute, c'est la même chose que ce qui conçoit et que ce qui est conçu »)[11] (Édit. Wagner, t. I, p. 287).

Peut-être chacun aussi sent-il de temps en temps, au plus profond de lui, une conscience qui conviendrait à un tout autre genre d'existence que notre existence temporelle, individuelle, si indiciblement misérable, remplie seulement de misères ; et il pense alors que la mort pourrait le mener à l'existence en question[12].

11. La perte de l'intellect que subit par la mort la volonté, qui est le noyau du phénomène disparaissant ici et qui comme chose en soi est indestructible, cette perte est le Léthé de cette volonté individuelle, sans lequel elle se souviendrait des nombreux phénomènes dont elle a déjà été le noyau. (N.d.A.)

12. Si nous reconnaissions à fond, dans son essence la plus intime, notre propre être, nous trouverions ridicule de réclamer l'immortalité de l'individu. Car ce serait abandonner cet être même pour une seule de ses innombrables manifestations – ou fulgurations.

Aucun individu n'est apte à la durée éternelle ; il sombre dans la mort. Nous ne perdons cependant rien par là. L'existence individuelle repose en effet sur une autre toute différente, dont elle est la manifestation. Celle-ci ne connaît pas le temps, c'est-à-dire ni continuation ni disparition.

Quand on meurt on devrait rejeter son individualité, comme un

Si maintenant, en opposition à ce mode d'examen dirigé vers le dedans, nous regardons de nouveau vers le dehors et concevons tout à fait objectivement le monde qui se représente à nous, la mort nous apparaît comme un passage dans le néant, mais la naissance, par contre, comme une sortie du néant. L'une aussi bien que l'autre ne peut pourtant pas être absolument vraie, puisqu'elle a seulement la réalité du phénomène. Et qu'en un sens quelconque nous devions survivre à la mort, ce n'est pas, après tout, un plus grand

---

vieux vêtement, et se réjouir de la nouvelle et supérieure individualité qu'on va revêtir en échange, après l'enseignement reçu.

Si l'on reprochait à l'esprit du monde d'anéantir les individus après une courte existence, il répondrait : « Vois-les seulement, ces individus, vois leurs vices, leurs ridicules, leurs méchancetés et leurs abominations ! Et je devrais les laisser vivre à jamais ! »

Je dirais au démiurge : « Pourquoi, au lieu de créer infatigablement des hommes, par un demi-miracle, et d'anéantir ceux qui sont en train de vivre, ne t'en tiens-tu pas une fois pour toutes à ceux qui existent actuellement, et ne les laisses-tu pas durer toute l'éternité ! »

Il répondrait vraisemblablement : « Mais ils veulent toujours en créer de nouveaux, et je dois bien faire de la place. Ah ! s'il n'en était pas ainsi ! Quoique, entre nous soit dit, une race comme celle-là qui vivrait à jamais et mènerait toujours le même genre de vie, sans autre raison d'être que de se trouver là, serait ridicule objectivement et ennuyeuse subjectivement, et à un degré bien plus fort que tu ne peux te l'imaginer. Représente-toi bien la chose ! »

Moi : « Eh bien ! ils pourraient faire des progrès de toute espèce. » (N.d.A.)

miracle que celui de la génération, que nous avons chaque jour sous les yeux. Ce qui meurt va là d'où toute vie provient, y compris la sienne. Dans ce sens, les Égyptiens avaient qualifié l'*orcus*, l'enfer, d'Amenthès, qui signifie, suivant Plutarque (*Sur Isis et Osiris*, chap. XXIX), ὁ λαμβανων και διδους (« celui qui prend et qui donne »), pour exprimer qu'il est la même source où tout retourne et d'où tout sort. De ce point de vue, il faudrait regarder notre vie comme un prêt fait par la mort ; le sommeil serait alors l'intérêt quotidien de celui-ci. La mort s'annonce ouvertement comme la fin de l'individu, mais en cet individu réside le germe d'un nouvel être. Donc, rien de ce qui meurt là ne meurt pour toujours; mais rien de ce qui naît ne reçoit non plus une existence fondamentalement nouvelle. Ce qui meurt périt; mais un germe subsiste, d'où sort une nouvelle vie qui entre maintenant dans l'existence, sans savoir d'où elle vient et pourquoi elle est justement ce qu'elle est. Ceci est le mystère de la palingénésie, dont on trouvera l'explication dans les additions au *Monde comme volonté et comme représentation* (chap. XLI). Nous voyons par là que tous les êtres vivant en ce moment contiennent le germe de tous ceux qui vivront dans l'avenir, et qui ainsi existent déjà jusqu'à un certain point. De même, chaque animal qui se tient là dans sa pleine floraison semble nous crier : « Pourquoi te plains-tu de la caducité des vivants ? Comment serais-je là, si tous ceux de mon espèce qui m'ont précédé n'étaient pas morts ? » Aussi, à quelque point que les pièces et les masques puissent changer sur la scène du monde, les comédiens restent cependant en tout les mêmes. Nous sommes là assis ensemble, et nous parlons, et nous nous agitons, nos yeux brillent, nos vois s'élèvent. D'autres se sont assis là absolument de même, il y a des milliers d'années. C'était la même chose, et c'étaient les mêmes ; et il en sera absolument encore ainsi dans plus de mille ans. L'arrangement qui nous empêche de nous apercevoir de cela, c'est le temps.

On pourrait très bien faire cette distinction entre la métempsycose et la palingénésie : la première est le passage dans un autre corps de tout ce qu'on appelle l'âme, et la seconde consiste dans la décomposition et la reformation de l'individu, sa volonté seule persistant, et, sous la forme d'un nouvel être, recevant un nouvel intellect. L'individu se décompose donc comme un sel neutre, dont la base se combine ensuite avec un autre acide en un nouveau sel. La différence entre la métempsycose et la palingénésie, qu'accepte Servius, le commentateur de Virgile, et qui est brièvement indiquée dans Wernsdorff, *Dissertatio de metempsycosi*, p. 48, est manifestement fausse et non avenue.

Du *Manual of Buddhism* de Spence Hardy (pp. 394-396, à rapprocher des pp. 429, 440 et 445), du *Burntese Empire* de Sangermano (p. 6), et des *Asiatic Researches* (t. VI, p. 179 et t. IX, p. 256), il résulte que, dans le bouddhisme, il y a, au sujet de la continuation après la mort, une doctrine exotérique et une doctrine ésotérique. La première est la métempsycose, comme dans le brahmanisme. Mais la seconde est une palingénésie beaucoup plus difficile à comprendre, qui est en grand accord avec ma doctrine de l'existence métaphysique de la volonté, de la nature purement physique de l'intellect, et de la caducité qui en est la conséquence. Παλιγγενεσια[13] apparaît déjà dans le Nouveau Testament.

Mais si, pour pénétrer plus à fond dans le mystère de la palingénésie, nous appelons à notre secours ici encore le chapitre XLIII des additions au *Monde comme volonté et comme représentation*, la chose, examinée de plus près, nous semblera consister en ceci : dans tout le cours du temps, le sexe mâle a été le dépositaire de la volonté, mais le sexe féminin celui de l'intellect de l'espèce humaine, qui obtient par là une durée éternelle. Chacun a en conséquence un élément paternel et un élément maternel ; et de même que ceux-ci ont été unis par

13. « Palingénésie ». (N.d.É.)

la génération, ils sont séparés par la mort, qui est ainsi la fin de l'individu. C'est cet individu dont nous déplorons tellement la mort, dans le sentiment qu'il est réellement perdu, vu qu'il était une simple combinaison qui cesse irrévocablement. Pourtant nous ne devons pas oublier, dans tout cela, que la transmissibilité de l'intellect par la mère n'est pas aussi décidée et absolue que celle de la volonté par le père, à cause de la nature secondaire et purement physique de l'intellect et de sa complète dépendance de l'organisme, non seulement par rapport au cerveau, mais autrement encore, comme je l'ai exposé en détail dans le chapitre indiqué. Je dirai en passant que je suis d'accord avec Platon, quand il distingue dans ce qu'il nomme l'âme une partie mortelle et une partie immortelle ; mais il se trouve diamétralement opposé à moi et à la vérité, quand, à la façon de tous les philosophes qui m'ont précédé, il tient l'intellect pour la partie immortelle, et au contraire la volonté – c'est-à-dire le siège des appétits et des passions – pour la partie mortelle. Qu'on voie le *Timée*. Aristote est du même avis [14].

14. Dans le *Traité de l'âme* (t. 4), il laisse échapper dès le début son opinion intime, que le νους est l'âme véritable et immortelle – ce qu'il établit par de fausses assertions. D'après lui, la haine et l'amour n'appartiennent pas à l'âme, mais à son organe, la partie périssable ! (N.d.A.)

Mais quoique le principe physique puisse étrangement et étonnamment exercer son action par la génération et par la mort, avec la combinaison visible des individus à l'aide de la volonté et de l'intellect et de leur dissolution subséquente, cependant le principe métaphysique résidant à sa base est de nature si hétérogène, qu'il n'est pas affecté par lui, et que, sur ce point, il nous est permis de nous consoler.

On peut en conséquence considérer chaque être humain de deux points de vue opposés. Du premier, il est un individu commençant et finissant dans le temps, passant d'une manière fugitive, σκιας οναρ[15], avec cela lourdement chargé de fautes et de douleurs. De l'autre, il est l'être originel indestructible qui s'objective en tout être existant, et qui a le droit de dire, en cette qualité, comme la statue d'Isis à Saïs : ἐγώ εἰμι πᾶν τὸ γεγονὸς, καὶ ὄν καὶ ἐσόμενον[16]. Sans doute, un tel être pourrait faire quelque chose de mieux que de se manifester dans un monde comme celui-ci ; car c'est le monde fini de la souffrance et de la mort. Ce qui est en lui et ce qui sort de lui doit finir et mourir. Mais ce qui ne sort pas de lui et ne veut pas sortir de lui, le traverse avec la toute-puissance d'un

15. « Le songe d'une ombre ». (N.d.É.)

16. *Cf.* p. 15. (N.d.É.)

éclair qui frappe en haut, et ne connaît ensuite ni temps ni mort. Unir toutes ces antithèses, c'est proprement le thème de ma philosophie.

Petit dialogue en forme de conclusion

THRASYMAQUE. – Bref, que serai-je après ma mort ? Sois clair et précis.

PHILALÈTHE. – Tout et rien.

THRASYMAQUE. – C'est cela ! comme solution d'un problème, une contradiction ! Le truc est usé.

PHILALÈTHE. – Répondre à des questions transcendantes dans le langage créé pour la connaissance immanente, peut évidemment mener à des contradictions.

THRASYMAQUE. – Que nommes-tu connaissance transcendante et connaissance immanente ? Sans doute, je connais aussi ces expressions par mon professeur, mais seulement comme attributs du bon Dieu, avec lequel sa philosophie avait exclusivement à faire, selon les bonnes règles. Si Dieu reste dans le monde, il est immanent ; s'il en sort, il est transcendant. Oui, cela est clair, cela est saisissable ; on sait alors à quoi s'en tenir. Mais personne ne comprend plus ton langage kantiste artificiel à la vieille mode. La conscience contemporaine a été détournée de tout cela, grâce à la métropole de la science allemande.

PHILALÈTHE *(à part)*. – de la charlatanerie philosophique allemande.

THRASYMAQUE. – par toute une succession de grands hommes, en particulier par le grand Schleiermacher et le géant intellectuel Hegel, ou plutôt tellement mûrie, qu'elle a rejeté toutes ces choses et ne les connaît plus. Ainsi, que veux-tu dire par là ?

PHILALÈTHE. – La connaissance transcendante est celle qui, procédant en dehors de toute possibilité de l'expérience, s'efforce de déterminer l'essence des choses telles qu'elles sont en elles-mêmes. La connaissance immanente, par contre, est celle qui reste dans les limites de la possibilité de l'expérience, et ne peut par conséquent parler que de phénomènes. Toi, comme individu, tu finis à ta mort. Mais l'individu n'est pas la véritable et ultime essence, c'est plutôt une simple manifestation de celle-ci ; ce n'est pas la chose en soi-même, c'est seulement son phénomène, qui se manifeste dans la forme du temps, et a par conséquent un commencement et une fin. Au contraire, ton essence en elle-même ne connaît ni temps, ni commencement, ni fin, ni les limites d'une individualité donnée ; aussi ne peut-elle être exclue d'une individualité, et réside-t-elle en chacune et en toutes. Dans le premier sens donc, tu es réduit par ta mort à rien ; dans le second, tu es et restes tout. Voilà pourquoi j'ai dit qu'après ta mort tu serais tout et rien. Ta question admet difficilement une réponse plus exacte que celle-ci dans sa brièveté, qui contient d'ailleurs une contradiction : car ta vie est dans le temps, et ton immortalité dans l'éternité. Cette dernière peut donc être nommée aussi une indestructibilité sans continuation, ce qui renferme de nouveau une contradiction. Mais il en est ainsi, quand le transcendant doit être porté dans la connaissance immanente. Celle-ci subit une espèce de violence, puisqu'on l'applique à ce qui n'est pas fait pour elle.

THRASYMAQUE. – Écoute. Sans la continuation de mon individualité, je ne donnerais pas un centime pour toute ton immortalité.

PHILALÈTHE. – Peut-être pouvons-nous nous entendre. Admets que je te garantisse la continuation de ton individualité, mais à la condition qu'un sommeil de mort absolument inconscient de trois mois précède le réveil de celle-ci.

THRASYMAQUE. – Cela irait.

PHILALÈTHE. – Or, puisque, dans un état absolument inconscient, nous n'avons aucune mesure de temps, cela revient absolument au même pour nous si, pendant ce sommeil de mort, trois mois ou dix mille ans se sont écoulés dans le monde de la conscience. Car nous devons, en nous éveillant, accepter l'un et l'autre de confiance. Il peut donc t'être indifférent si ton individualité t'est rendue après trois mois ou après dix mille ans.

THRASYMAQUE. – Au fond, on ne peut le nier.

PHILALÈTHE. – Si maintenant, au bout des dix mille ans, on oubliait de t'éveiller, je crois que, après cette courte existence suivie d'une si longue non-existence devenue ainsi une habitude, le malheur ne serait pas grand. Mais il est certain que tu ne pourrais rien en deviner. Et tu te consolerais pleinement, si tu savais que le ressort secret qui maintient en mouvement ton phénomène présent n'a pas cessé un moment, dans ces dix mille ans, de produire et de mettre en mouvement d'autres phénomènes de la même espèce.

THRASYMAQUE. – Ah ! Et de cette façon tu t'imagines me subtiliser tout doucement et à mon insu mon individualité ? Ce n'est pas à moi qu'on en fait voir de pareilles ! J'ai stipulé la continuation de mon individualité, et aucune raison pas plus qu'aucun phénomène ne peut me consoler de sa perte. Elle me tient à cœur, et je ne la lâche pas.

PHILALÈTHE. – Tu tiens donc ton individualité pour si agréable, si excellente, si parfaite et si incomparable, qu'il ne peut y en avoir de supérieure ? Et tu ne voudrais l'échanger contre aucune autre, même si on te donnait l'assurance que tu t'y trouverais plus à ton aise ?

THRASYMAQUE. – Mais sûrement mon individualité, quelle qu'elle soit, c'est moi-même.

Rien au monde n'est au-dessus de moi :
Car Dieu est Dieu, et je suis moi[17].

Moi, moi, je veux exister. C'est à cela que je tiens, et non à une existence qu'il faut d'abord me démontrer être mienne.

PHILALÈTHE. – Regarde donc autour de toi ! Ce qui crie : « Moi, moi, je veux exister », ce n'est pas seulement toi, mais tout, absolument tout ce qui a le moindre vestige de conscience. Conséquemment, ce désir est en toi précisément ce qui n'est pas individuel, mais est commun à tous sans distinction. Il n'émane pas de l'individualité, mais de l'existence en général, est essentiel à chaque chose qui vit, est même ce par quoi cette chose vit ; il est en conséquence satisfait par l'existence en général, à laquelle seule il se réfère, et non exclusivement par une existence individuelle déterminée. Il n'est en effet nullement dirigé vers elle, quoiqu'il semble toujours en être ainsi, parce qu'il ne peut arriver à la conscience que dans un être individuel, et qu'il semble pour cette raison

17. « *Mir geht nun auf der Welt nichts über mich :*
Denn Gott ist Gott, und ich bin ich » (Goethe, *Satyros*, 2, 17) (N.d.É.).

toujours s'appuyer uniquement sur celle-ci. C'est néanmoins une pure apparence à laquelle se prend l'inintelligence de l'individu, mais que la réflexion peut détruire en nous en délivrant. Ce qui réclame si impétueusement l'existence, c'est, indirectement, l'individu seul ; directement et réellement, c'est la volonté de vivre, qui est *une* et la même chez tous. Or, puisque l'existence même est son œuvre libre, voire même son pur reflet, celle-ci ne peut lui échapper ; mais la volonté est provisoirement satisfaite par l'existence en général, autant du moins qu'elle, l'éternelle mécontente, peut être satisfaite. Les individualités lui sont indifférentes ; à vrai dire, elle ne s'occupe pas d'elles, quoiqu'elle semble s'occuper de l'individu qui la perçoit d'une manière directe seulement en lui-même. Il s'ensuit de là qu'elle veille sur l'existence de celui-ci avec un soin qui, autrement, ne se manifesterait pas, et assure ainsi la conservation de l'espèce. Il s'ensuit encore que l'individualité n'est pas une perfection, mais une limitation, et qu'être affranchi d'elle, c'est plutôt gagner que perdre. Laisse donc là un souci qui te semblerait enfantin et absolument ridicule, si tu savais reconnaître à fond ta propre essence, et voir en elle ce que tu es : la volonté universelle de vivre.

THRASYMAQUE. – Tu es toi-même enfantin et absolument ridicule, et tous les philosophes avec toi. Aussi est-ce seulement par manière de plaisanterie et de passe-temps qu'un homme sérieux tel que moi s'oublie un quart d'heure avec ce genre de fous. J'ai maintenant des choses plus importantes à faire. Adieu.

Affirmation et négation de la volonté de vivre

On peut comprendre jusqu'à un certain point *a priori*, ou, pour mieux dire, il va de soi que ce qui maintenant produit le phénomène du monde, doit être capable aussi de ne pas le produire, par conséquent de rester en repos, – ou, en d'autres termes, que la διαστολή présente doit avoir aussi une συστολή[18]. Si la première est le phénomène de la volonté de ne pas vivre. Cette dernière volonté sera au fond la même que celle du *magnum Sakhepat* de la doctrine des *Védas* (dans l'*Oupnekat*, t. I, p. 163), du *nirvana* des bouddhistes, et de ἐπέκεινα[19] des néo-platoniciens.

Je fais observer, à l'égard de certaines objections niaises, que la négation de la volonté de vivre

18. Littéralement, « gonflement » (διαστολή) ou « contraction » (συστολή). *Cf.* la « diastole » et la « systole » cardiaques. (N.d.É.)

19. Littéralement, le « dépassement, le fait de surpasser la fortune, le destin. » (N.d.É.)

n'implique nullement la destruction d'une substance, mais purement l'acte de la non-volonté : ce qui jusqu'ici a voulu, ne veut plus. Ne connaissant comme chose en soi cette essence, la volonté, que dans l'acte et par l'acte de vouloir, nous sommes incapables de dire ou de comprendre ce qu'elle est ou ce qu'elle fait, après avoir renoncé à cet acte. En conséquence, pour nous qui sommes le phénomène du vouloir, la négation est un passage dans le néant.

L'affirmation et la négation de la volonté de vivre sont un simple *velle* et *nolle*. Le sujet de ces deux actes est *un* et le même, et par conséquent ne sera détruit ni par l'un ni par l'autre. Son *velle* se produit dans ce monde palpable qui, pour cette raison même, est le phénomène de sa chose en soi. Du *nolle*, au contraire, nous ne connaissons pas d'autre phénomène que celui de son apparition, et seulement chez l'individu, qui appartient déjà originairement au phénomène du *velle*. De là nous voyons, tant que l'individu existe, le *nolle* toujours en lutte avec le *velle*. L'individu a-t-il fini d'exister, et le *nolle* l'a-t-il emporté chez lui, c'est que cet individu a été une pure manifestation du *nolle*. (C'est la signification de la canonisation des saints par le pape.) Nous pouvons seulement dire de ce dernier que son phénomène ne peut pas être celui du *velle*, mais nous ne savons pas s'il apparaît, c'est-à-dire s'il reçoit une existence secondaire pour un intellect qu'il aurait d'abord à produire ; et comme nous ne connaissons l'intellect qu'en tant qu'organe de la volonté dans son affirmation, nous ne voyons pas pourquoi, celle-ci supprimée, il devrait le produire. Nous ne pouvons rien dire non plus du sujet de celui-là, vu que nous ne le reconnaissons positivement que dans l'acte opposé, le *velle*, comme la chose en soi de son monde phénoménal.

Entre l'éthique des Grecs et celle des Indous, il y a une grande différence. Celle-là (à l'exception de Platon) a pour but de faciliter une vie heureuse : *vitam beatam*. Celle-ci, au contraire, de provoquer la délivrance et l'affranchissement de la vie en général, comme l'indique dès la première phrase la *Sankhya Karika*.

On se trouve en présence d'un contraste analogue, renforcé encore par le sens de la vue, lorsqu'on regarde le beau sarcophage antique de la galerie de Florence. Ses reliefs représentent toute la série des cérémonies d'une noce, depuis la demande en mariage jusqu'au moment où la torche d'Hymen brille auprès du lit nuptial. Maintenant imaginez-vous, à côté, le cercueil chrétien, tendu de noir, en signe de deuil, avec le crucifix audessus. Le contraste est des plus significatifs. Tous deux veulent consoler au sujet de la mort, tous deux d'une façon opposée, et tous deux ont raison. L'un signifie l'affirmation de la volonté de vivre, ce que reste en réalité tout le temps la vie, si rapidement que ses formes puissent changer. L'autre indique, par les symboles de la souffrance et de la mort, la négation de la volonté de vivre et l'affranchissement d'un monde où règnent la mort et le diable. Entre l'esprit du paganisme gréco-romain et l'esprit du christianisme, le véritable contraste est celui de l'affirmation et de la négation de la volonté de vivre ; et sur ce dernier point, c'est le christianisme qui a raison.

Ma philosophie est à l'éthique de toutes les philosophies européennes ce qu'est le Nouveau Testament à l'Ancien, conformément à la conception ecclésiastique de ce rapport. L'Ancien Testament place l'homme sous la domination de la loi, qui néanmoins ne mène pas à l'affranchissement. Le Nouveau Testament, au contraire, déclare la loi insuffisante, et même brise avec elle. (Voir, par exemple, Épître aux Romains, chap. VII, et Épître aux Galates, chap. II et III). Il prêche le royaume de la grâce, qu'il faut obtenir par la foi, l'amour du prochain et le complet renoncement de soi-même : c'est la voie par laquelle on s'affranchit du mal et du monde. Car, en dépit de toute torsion rationaliste protestante, l'esprit ascétique est proprement l'âme du Nouveau Testament. Or, cet esprit est précisément la négation de la volonté de vivre ; et ce passage de l'Ancien Testament au Nouveau, de la domination de la loi à la domination de la foi, de la justification par les œuvres à la rédemption par le médiateur, de l'empire du péché et de la mort à la vie éternelle en Jésus-Christ, signifie, *sensu proprio*, le passage des vertus purement morales à la négation de la volonté de vivre. Toutes les éthiques philosophiques qui m'ont précédé ont retenu l'esprit de l'Ancien Testament avec sa loi morale absolue (c'est-à-dire dépourvue de fondement comme de but), et avec tous ses commandements et prohibitions en morale, auxquels on ajoute tacitement le chef suprême Jéhovah, quelque différentes que puissent être les formes et les manifestations de ceux-là. Mon éthique, au contraire, a un fondement et un but ; elle démontre avant tout théoriquement le fondement métaphysique de la justice et de l'amour du prochain, et montre ensuite aussi le but auquel ceux-ci, quand ils sont parvenus à leur perfection, doivent finir par conduire. En même temps elle reconnaît sincèrement la perversité de ce monde, et indique la négation de la volonté comme le moyen de s'en affranchir. Elle est donc réellement dans l'esprit du Nouveau Testament, tandis que toutes les autres sont dans l'esprit de l'Ancien, et aboutissent théoriquement aussi au pur judaïsme, c'est-à-dire au théisme despotique nu. Dans ce sens on pourrait qualifier ma doctrine de véritable philosophie chrétienne, quelque paradoxal que cela puisse sembler à ceux qui ne vont pas à la racine des choses, et s'en tiennent à la surface.

Celui qui est capable de penser un peu profondément verra bientôt que les désirs humains ne peuvent commencer à être coupables au point où, se croisant par hasard dans leurs directions individuelles, ils occasionnent du mal d'un côté et des malheurs de l'autre ; mais que, s'il en est ainsi, ils doivent être coupables et maudits à leur point d'origine et dans leur essence, et que conséquemment la volonté entière de vivre est elle-même maudite. Les horreurs et la misère dont le monde est plein ne sont donc que le résultat nécessaire de la somme des caractères en lesquels la volonté de vivre s'objective, dans les circonstances auxquelles est soumise la chaîne ininterrompue de la nécessité, et où ils puisent leurs motifs. C'est, en un mot, le pur commentaire de l'affirmation de la volonté de vivre. Que notre existence même implique une faute, c'est ce que prouve la mort.

Un noble caractère ne se plaindra pas facilement de son destin, et il conviendra plutôt de lui appliquer l'éloge décerné par Hamlet à Horatio :

For thou hast been
As one, in suffering all, that suffers nothing[20].

Et ceci s'explique par le fait qu'un tel caractère, reconnaissant aussi sa propre essence dans les autres, et participant en conséquence à leur destin, aperçoit presque toujours autour de lui des destinées encore plus dures que la sienne, ce qui ne lui permet pas de se plaindre de celle-ci. Un vil égoïste, au contraire, qui limite toute réalité à lui-même et regarde les autres simplement comme des larves et des fantômes, ne prendra aucun intérêt à leur sort et ne se préoccupera que du sien : ce qui a pour résultat une grande sensibilité et des plaintes fréquentes.

C'est précisément ce fait de se reconnaître dans le phénomène étranger duquel procèdent directement, comme je l'ai souvent prouvé, la justice et l'amour du prochain, qui finit par conduire à l'abandon de la volonté. Car les phénomènes dans lesquels celle-ci se manifeste se trouvent si décidément en un état de souffrance, que celui qui étend son « moi » à eux tous ne peut les supporter plus longtemps : juste comme celui qui prend tous les

20. « [...] *Car tu as été comme un homme*
Qui, en souffrant tout, ne souffre rien. » (N.d.É.)

billets d'une loterie, subit nécessairement une grande perte. L'affirmation de la volonté présuppose la limitation de la conscience personnelle à l'individu proprement dit, et compte sur la possibilité d'une existence favorable départie par la main du hasard.

Si, dans la conception du monde, on procède la chose en soi, – de la volonté de vivre, – on trouve que son noyau, que sa plus grande concentration est l'acte de la génération. Celui-ci se présente alors comme la première des choses, comme le point de départ ; il est le *punctum saliens*[21] de l'œuf du monde, la chose principale. Quelle différence, au contraire, si l'on procède du monde empirique donné comme phénomène, du monde comme représentation ! Ici, en effet, cet acte se présente comme tout à fait individuel et spécial, d'importance subordonnée, on peut même dire comme une chose accessoire, couverte et cachée, qui s'insinue en tapinois ; il constitue alors une anomalie paradoxale qui prête fréquemment à rire. Il pourrait cependant nous sembler aussi que le diable a par là seulement voulu cacher son jeu : car l'amour est sa monnaie courante, et le monde son royaume. Qui n'a pas remarqué, en effet, qu'*illico post coïtum*

21. Littéralement : « point de jaillissement. » (N.d.É.)

cachinus auditur diaboli[22] ? Ceci, et nous parlons sérieusement, repose sur le fait que le désir sexuel – spécialement quand, se fixant sur une femme déterminée, il se concentre en amour – est la quintessence de toute la duperie de ce noble monde. Il promet en effet si indiciblement, si infiniment, si follement tant de choses, et il tient si misérablement sa promesse !

La part de la femme dans la génération est, en un certain sens, plus innocente que celle de l'homme. Celui-ci donne à l'être à engendrer la volonté, qui est le premier péché et par conséquent la source de tout mal et de tout malheur, tandis que celle-là lui donne la connaissance, qui ouvre la voie de l'affranchissement. L'acte de la génération est le nœud gordien, vu qu'il dit : « La volonté de vivre s'est affirmée de nouveau. » Dans ce sens, une phrase brahmanique consacrée pousse cette lamentation : « Malheur, malheur ! le lingam est dans l'yoni. » La conception et la grossesse au contraire affirment : « À la volonté est donnée une fois de plus la lumière de la connaissance. » Grâce à celle-ci, elle pourra retrouver sa route, ce qui ouvre de nouveau le champ à la possibilité de l'affranchissement.

22. « Aussitôt après l'acte amoureux, on entend rire le diable. » (N.d.É.)

Par là s'explique ce phénomène significatif que, tandis que chaque femme, surprise dans l'acte de la génération, s'évanouirait de honte, elle étale au contraire sa grossesse sans en rougir le moins du monde, et même avec une sorte d'orgueil. De même qu'en toute circonstance un signe infailliblement certain est regardé comme équivalent à la chose signifiée, ici, tout signe du coït accompli humilie au plus haut degré la femme, sauf une exception, la grossesse. Cela s'explique par le fait que la grossesse, comme il a été dit plus haut, amène ou tout au moins laisse espérer en un certain sens l'effacement de la faute contractée par le coït. D'où il résulte que celui-ci supporte toute la honte de l'affaire, tandis que la grossesse, qui lui est apparentée de si près, reste pure et innocente, et même jusqu'à un certain point honorable.

Le coït est principalement l'affaire de l'homme ; la grossesse uniquement celle de la femme. Du père, l'enfant reçoit la volonté, le caractère ; de la mère, l'intellect. Celui-ci est le principe qui affranchit ; la volonté, le principe qui lie. Le symbole de l'existence constante de la volonté de vivre dans le temps, en dépit de tout accroissement de lumière par l'intellect, est le coït ; le symbole de la lumière de l'intellect alliée de nouveau à cette volonté, offrant la possibilité de l'affranchissement, et au plus haut degré de clarté, c'est la naissance renouvelée de la volonté sous forme d'être humain. Le signe de cette naissance est la grossesse, qui s'avance d'un pas libre et même orgueilleux, tandis que le coït se dissimule en rampant, comme un criminel.

Quelques Pères de l'Église ont enseigné que même la cohabitation conjugale n'est permise qu'en vue de la procréation des enfants : ἐπὶ μόνῃ παιδοποιίᾳ[23], comme dit Clément d'Alexandrie dans ses *Stromates*, livre III, chap. XI. (On trouvera les passages se référant à ce sujet dans P. E. Lind, *De cœlibatu Christianorum*, chap. I). Clément attribue aussi cette manière de voir aux pythagoriciens (*Stromates*, même livre, chap. III). Cependant, en réalité, elle est fausse. Car si le coït n'est plus recherché pour lui-même, la négation de la volonté de vivre est déjà apparue, et la propagation de la race humaine est alors superflue et dépourvue de sens, vu que le but est déjà atteint. En outre, jeter un être dans le monde uniquement pour qu'il y soit, sans passion subjective, sans désirs ni besoin physique, de propos délibéré et de sang-froid, ce serait là une action morale très discutable, que peu de gens voudraient prendre

23. Littéralement, « en vue de la seule procréation des enfants ». (N.d.É.)

sur eux. On pourrait même dire d'elle qu'elle est à la génération par pur instinct sexuel ce qu'est un meurtre froidement prémédité à un coup mortel donné dans un accès de colère.

La condamnation de tous les plaisirs sexuels contre nature est basée sur la raison opposée. C'est que, si par eux l'instinct est satisfait, c'est-à-dire la volonté de vivre affirmée, la propagation qui seule maintient la possibilité de la négation de la volonté, est éliminée. Ainsi s'explique que la pédérastie n'ait été regardée comme un gros péché que depuis l'avènement du christianisme, dont la tendance est ascétique.

Un couvent est un assemblage d'êtres humains qui ont fait vœu de pauvreté, de chasteté, d'obéissance (c'est-à-dire de renonciation à la volonté individuelle), et qui cherchent, par la vie en commun, à alléger en partie l'existence elle-même, mais plus encore cet état de sévère renonciation. En effet, la vue de gens professant les mêmes idées et les mêmes sentiments de renonciation fortifie leur résolution et les console, outre que les rapports de la vie en commun dans certaines limites répondent aux besoins de la nature humaine, et apportent une récréation innocente au milieu de lourds sacrifices. Telle est la conception normale des couvents. Et qui peut qualifier une telle société d'union de fous et d'imbéciles, comme on doit pourtant le faire en vertu de toute philosophie, excepté de la mienne ?

Voici l'esprit et le sens intime de la vraie vie de couvent, comme de l'ascétisme en général : on s'est reconnu digne et capable d'une meilleure existence que la nôtre, et l'on veut fortifier et maintenir cette conviction en méprisant ce que ce monde offre, en rejetant tous ses plaisirs comme sans valeur, et en attendant avec calme et confiance la fin de cette vie dépouillée de ses vains appâts, pour saluer un jour l'heure de la mort comme celle de l'affranchissement. Le saniassite a absolument la même tendance et la même signification, et il en est de même du monachisme des bouddhistes. Sans doute, c'est surtout dans le monachisme que la théorie répond le moins à la pratique. Cela provient précisément de ce que son idée fondamentale est très haute, et que *abusus optimi pessimus*[24]. Un vrai moine est un être excessivement honorable. Malheureusement, dans la plupart des cas, le froc est un simple déguisement derrière lequel il n'y a pas plus de moine véritable que dans le déguisement d'une mascarade.

24. Littéralement « le pire est l'abus du meilleur » : c'est-à-dire « le mieux est l'ennemi du bien ». (N.d.É.)

L'idée qu'on se soumet et s'abandonne complètement et sans restriction à une volonté individuelle étrangère, est un moyen physique de faciliter la négation de sa propre volonté, et en conséquence un véhicule allégorique convenable de la vérité.

Le nombre des trappistes réguliers est petit; ce qui n'empêche pas que la moitié à peu près de l'humanité se compose de trappistes involontaires. Pauvreté, obéissance, manque de tous les plaisirs et même du confort le plus indispensable, souvent aussi chasteté forcée ou amenée par les privations, tel est leur lot. La seule différence, c'est que les trappistes pratiquent la chose par libre choix, méthodiquement et sans espoir d'amélioration, tandis que l'autre classe doit être comptée parmi ce que, dans mes chapitres sur l'ascétisme, j'ai désigné par l'expression δεύτερος πλοὺς (« seconde expédition »). Pour la créer, la nature a déjà pris suffisamment ses mesures grâce au principe fondamental de son ordre, surtout si l'on ajoute aux maux qui naissent directement d'elle ceux que la discorde et la méchanceté des hommes produisent en guerre et en paix. Cette nécessité des souffrances involontaires pour le salut éternel est précisément exprimée dans ce mot du Sauveur (Matthieu, XIX, chap. XXIV) εὐκοπώτερόν ἐστι κάμηλον δια τρυπήματος ραφίδος διελθεῖν, ἢ πλούσιον εις τὴν βασιλείαν τοῦ θεοῦ εἰσελθεῖν. (« Il est plus aisé qu'un chameau passe par le trou d'une aiguille, qu'il ne l'est qu'un riche entre dans le royaume de Dieu. ») Voilà pourquoi ceux qui ont attaché une grande importance à leur salut éternel, ont aussi choisi la pauvreté volontaire, quand le sort la leur avait refusée et qu'ils étaient nés dans la richesse. Ainsi le Bouddha Çakya-Mouni, qui, né prince, prit de lui-même le bâton de mendiant ; ainsi François d'Assise, le fondateur des ordres mendiants, qui, jeune évaporé jusque-là, s'entendant, à un bal auquel assistaient les filles des notables de la ville, poser cette question : « Eh bien ! seigneur François, ne ferez-vous pas bientôt un choix parmi ces belles ? », répondit : « J'en ai choisi une beaucoup plus belle. – Et laquelle ? – La pauvreté. » Après quoi, laissant bientôt tout là, il parcourut le pays en mendiant son pain.

Celui qui se représente, par de telles considérations, combien la misère et les souffrances sont le plus souvent nécessaires à notre salut, reconnaîtra que nous devrions envier les autres moins pour leur bonheur que pour leur malheur.

Pour la même raison, le stoïcisme qui défie le sort est évidemment une bonne cuirasse contre les maux de la vie, utile pour mieux supporter le présent; mais il est opposé au salut véritable, car il endurcit le cœur. Comment celui-ci devrait-il s'améliorer par la souffrance, si, revêtu d'une enveloppe de pierre, il ne la ressent pas ? Au demeurant, un certain degré de ce stoïcisme n'est pas très rare. Souvent il peut être affecté et rappeler le « bonne mine à mauvais jeu[25] ». Mais là où il est naturel, il provient le plus souvent d'absence de sentiment, de manque d'énergie, de vivacité, de sensibilité et d'imagination ; ces facteurs-là sont requis même pour un grand chagrin. Le flegme et la lourdeur des Allemands sont spécialement favorables à ce genre de stoïcisme.

Des actions injustes ou méchantes sont, par rapport à celui qui les accomplit, des signes de la force de son affirmation de la volonté de vivre, conséquemment de la distance qui le sépare du vrai salut, qui consiste dans la négation de cette volonté, et, partant, dans l'affranchissement du monde, aussi bien que de la longue école de la connaissance et de la souffrance par laquelle il doit encore passer pour en arriver là. Mais par rapport à celui qui souffre de ces actions, si elles sont physiquement un mal, elles

25. En français dans le texte. (N.d.É.)

sont métaphysiquement un bien, et au fond un bienfait, vu qu'elles contribuent à le conduire à son vrai salut.

L'ESPRIT DU MONDE. – Ici donc est la mesure de tes travaux et de tes souffrances : c'est pour cela que tu dois exister, comme toutes les autres choses existent.

L'HOMME. – Mais qu'ai-je de l'existence ? Si je suis occupé, j'ai de la peine ; si je suis inoccupé, j'ai de l'ennui. Comment peux-tu m'offrir, pour tant de travail et tant de souffrances, une récompense si misérable ?

L'ESPRIT DU MONDE. – Et cependant elle est l'équivalent de toutes tes fatigues et de toutes tes souffrances ; et cela en raison même de sa pénurie.

L'HOMME. – Vraiment ? Cela dépasse réellement mon pouvoir de compréhension.

L'ESPRIT DU MONDE. – Je le sais. *(À part :)* Dois-je lui dire que la valeur de la vie consiste précisément à lui apprendre à ne pas vouloir d'elle ? C'est à cette suprême initiation que la vie elle-même doit le préparer d'abord.

Chaque vie humaine, envisagée dans son ensemble, nous montre, comme je l'ai dit, les caractères d'une tragédie, et nous voyons que la vie n'est autre chose, en règle générale, qu'une série d'espérances avortées, de projets déçus et d'erreurs reconnues trop tard, qui justifient pleinement ces vers mélancoliques :

Till grief and old age, hand in hand,
Lead him to death and make him understand,
After a course so painful and so long,
That all his life he has been in the wrong[26].

Cela s'accorde pleinement avec mes vues sur le monde, d'après lesquelles l'existence n'est guère autre chose qu'une sorte d'aberration dont la connaissance de celui-ci doit nous guérir. L'homme, ὁ ἄνθρωπος, est « déjà dans l'erreur », en général, du moment seul où il existe et est homme. Il va donc de soi que chaque homme individuel aussi, τὶς ἄνθρωπος, examinant sa vie, se trouve communément « dans l'erreur ». Qu'il constate celle-ci en général, c'est sa rédemption, et pour cela il doit commencer par la reconnaître dans le cas particulier, c'est-à-dire dans son exis-

26. « Jusqu'à ce que le chagrin et la vieillesse, la main dans la main,
Le mènent vers la mort et lui fassent comprendre,
Après une course si pénible et si longue,
Que toute sa vie il a été dans l'erreur. » (N.d.É.)

tence individuelle. Car *quidquid valet de genere, valet et de specie*[27].

Il faut envisager la vie comme une sévère leçon qui nous est infligée, bien que, avec nos formes de pensée dirigées vers de tout autres buts, nous ne puissions comprendre comment nous avons pu avoir besoin de cette leçon. Nous devons donc songer avec satisfaction à nos amis défunts, en considérant qu'ils en ont fini avec elle, et en souhaitant de tout cœur qu'elle leur ait profité. Et du même point de vue nous devons envisager notre propre mort comme un événement désirable et heureux, et non en tremblant d'effroi, ainsi que c'est d'ordinaire le cas.

Une vie heureuse est impossible ; le plus haut point que l'homme puisse atteindre, c'est une carrière héroïque. Elle est le partage de celui qui, en n'importe quel ordre de choses, lutte avec les plus grandes difficultés pour le bien de tous et finit par triompher, mal ou nullement récompensé de ses efforts. Ensuite, quand tout est terminé, il reste là debout, pétrifié, comme le prince dans le *Roi Corbeau* de Gozzi[28], mais dans une noble attitude et

27. « Ce qui s'applique au genre, s'applique aussi à l'espèce. » (N.d.É.)

28. Pièce de Carlo Gozzi, représentée pour la première fois en 1761. (N.d.É.)

avec un air magnanime[29]. Sa mémoire demeure, et elle est célébrée comme celle d'un héros ; sa volonté, mortifiée durant toute une vie par la peine et le travail, par l'insuccès et l'ingratitude du monde, s'éteint dans le *nirvana.* (Carlyle a écrit dans ce sens son *Culte des héros*[30].)

Si nous pouvons maintenant, par des considérations comme les précédentes, c'est-à-dire d'un très haut point de vue, trouver une justification des souffrances de l'humanité, celle-ci ne s'étend cependant pas aux animaux, dont les souffrances, provoquées en grande partie par l'homme, mais souvent aussi sans sa participation, sont considérables[31]. En conséquence, cette question se pose : pourquoi cette volonté tourmentée et anxieuse dans tant et tant de milliers de formes, sans la liberté de l'affranchissement qui est impliquée par la réflexion. La souffrance du monde animal se justifie seulement par le fait que la volonté de vivre, ne trouvant absolument rien en dehors d'elle dans le monde des phénomènes et étant une volonté

29. « On meurt les armes à la main. » (N.d.A., en français.)
30. *Cf.* Thomas Carlyle, *Les Héros* : textes de six conférences prononcées en 1840 sur divers personnages de la littérature et de l'histoire.
31. Voir les additions au *Monde comme volonté et comme représentation* (chap. XXVIII). (N.d.É.)

affamée, doit dévorer sa propre chair. De là la gradation de ses phénomènes, dont chacun vit aux dépens d'un autre. Pour le reste, je renvoie à mon exposé des *Douleurs du monde*[32], où l'on verra que la capacité de la souffrance est infiniment moindre chez l'animal que chez l'homme. Mais ce qu'on pourrait ajouter encore à ce sujet paraîtrait hypothétique, même mythique, et peut être abandonné aux spéculations du lecteur lui-même.

32. Ce chapitre se trouve traduit en partie dans le volume de J. Bourdeau : *Pensées, maximes et fragments de Schopenhauer* (G. Baillière, 1880). (N.d.É.)

De l'impossibilité de vivre et de mourir

La pensée d'Arthur Schopenhauer est longtemps restée incomprise du public de l'époque. Son ouvrage fondamental, *Le Monde comme volonté et comme représentation*, n'a suscité aucun écho lors de sa publication en 1819 : il est même impitoyablement ignoré par toute une génération de jeunes philosophes alors subjugués par l'hégélianisme et les derniers feux de l'idéalisme. Il faut attendre 1851, et la sortie des *Parerga et Paralipomena*, dont sont extraits « Sur la doctrine de l'indestructibilité de notre être réel par la mort » et « Affirmation et négation de la volonté de vivre », pour que l'œuvre du philosophe connaisse le succès en Allemagne et à l'étranger.

Or, la philosophie de Schopenhauer est en grande partie un effort pour sortir de cet idéalisme qui ne comprend le monde que comme idée ou comme représentation, une totalité réductible aux lois de l'entendement. Toute cette tradition spéculative s'est détournée de ce que les sciences de la nature, et en particulier la physiologie, mettaient alors au jour, à savoir la vie comme processus physiologique et chimique. Le soin avec lequel le philosophe lit les œuvres de José Cabanis et de Xavier Bichat montre assez le souci de ne jamais séparer la démarche scientifique de la recherche philosophique : « La métaphysique, dit Schopenhauer, est une science de l'expérience. » Cette proposition a valeur d'axiome, mais ne signifie nullement que sa pensée philosophique dérive de l'expérience. Le recours aux données scientifiques, en particulier aux premiers résultats des recherches physiologiques en cette première moitié du XIXe siècle, a pour fonction de confirmer les intuitions de la métaphysique de la vie telle que la conçoit le philosophe. Par métaphysique de la vie, il faut entendre cette idée qui est au cœur de son système, à savoir que ce qui est le plus originaire dans toutes nos expériences et dans la totalité des êtres vivants, c'est le Vouloir-vivre. Toute la nature, du monde végétal jusqu'au monde animal et humain, est soumise à ce régime d'instincts, de pulsions et de désirs aveugles. Le Vouloir-vivre est un mouvement d'auto-développement du vivant conçu hors des cadres traditionnels de la métaphysique, indépendamment du principe de finalité. Penser que la nature d'un organisme vivant répond à une finalité, c'est-à-dire à un but et, finalement, possède un sens, est le type d'illusion consolatrice que la philosophie doit éliminer. Seule subsiste la causalité réglant le monde des phénomènes.

L'hégémonie tyrannique de cette volonté de vie comme réalité originelle, comme poussée de vie primitive, relègue en conséquence la conscience et les actes de la connaissance à un rôle secondaire. L'intelligence est donc un phénomène postérieur, une fonction faillible et imparfaite qui tente désespérément de maîtriser le mouvement chaotique du Vouloir-vivre. Ce primat du Vouloir-vivre est au centre de la pensée de Schopenhauer et, plus précisément, de son pessimisme métaphysique. Ce qui suppose d'abord la radicale séparation de la volonté par rapport à la connaissance, puis le primat de la volonté (ensemble des instincts, tendances et pulsions) par rapport à la connaissance. Schopenhauer considérait déjà ces deux faces de la Volonté comme le « caractère fondamental de ma philosophie » dans le *Monde comme volonté* (chapitre XLI).

D'une certaine façon, l'intellect et la connaissance sont destitués de leur fonction, non seulement parce que l'intellect se voit privé de tout prestige particulier et qu'il ne peut plus se penser en termes d'origine ou de commencement, mais aussi parce qu'il se trouve asservi à une force qui le domine. L'opposition entre l'intellect et la volonté pourrait s'esquisser de cette manière : la Volonté est métaphysique, indestructible et éternelle ; l'intellect est physique (expression du cerveau), pur auxiliaire, impuissant à résister aux multiples pressions vitales et aux instincts. Ce clivage entre deux forces constitutivement asymétriques va permettre la formation de la conception de la généalogie des valeurs morales chez Nietzsche et, en particulier, la théorie du moi comme lieu d'une lutte incessante et désespérée contre le système des pulsions chez Freud. Cette faiblesse constitutive de la conscience comme expression du moi, presque épiphénomène de l'irrésistible poussée des forces vitales, sera la source des problématiques du ressentiment et surtout d'une théorie générale de l'illusion.

Cette théorie de la conscience chez Schopenhauer rompt complètement avec la tradition cartésienne : elle peut désormais se concevoir en termes d'effets, de produits, de leurres, et surtout d'illusions. La description de la Volonté comme vie, comme processus impitoyable, souvent cruel, doit être développée jusqu'au bout, c'est-à-dire jusque cette vision souvent insoutenable qu'est notre propre mort comme anéantissement de notre propre substance. En tant que sujet appartenant au monde, je meurs en entraînant le monde avec moi, puisque le monde est *ma* représentation. Ce qui nous terrifie peut-être le plus dans la perspective de notre mort, ce n'est pas seulement la destruction complète de notre individualité (de notre mode d'être psychologique, de ce qui nous apparaît comme le plus intime), mais plutôt l'idée d'une disparition totale et définitive de notre personne (c'est-à-dire la pensée de rejoindre le néant qui nous a précédé). Il existe naturellement deux solutions possibles à cette angoisse : soit considérer la mort comme notre anéantissement absolu, soit admettre une immortalité en chair et en os.

Mais ces considérations n'ont pas prise sur un fait premier, à savoir que la peur de la mort, commune à l'homme et à l'animal, est indépendante de toute connaissance. En tant que pure forme du Vouloir-vivre, l'animal éprouve cette crainte, sans en avoir la moindre idée. Nous n'avons nul besoin d'une idée pour nous représenter la mort : nous la pressentons intuitivement et immédiatement. Lorsque nous cherchons à trouver un ordre dans la série des phénomènes de la vie, nous ne pouvons tout d'abord constater que des évidences plutôt triviales : l'individu vient du néant, reçoit la vie comme un don et retourne au néant.

En réalité, la naissance et la mort ne font que renvoyer à des phénomènes, à des faits relevant de l'expérience empirique : c'est « l'apparence visible de la volonté » pour Schopenhauer. Cette apparence visible peut se comprendre comme l'ensemble des phénomènes vitaux tels qu'ils se manifestent, par exemple, sous le regard médical. Ce ne sont que des phénomènes : ils nous font oublier qu'il existe une véritable substance qui se soustrait à l'espace et au temps, c'est-à-dire l'espèce et son pouvoir indéfini de reproduction. En d'autres termes, l'individu est cet être qui meurt, alors que l'espèce est indestructible. L'individu est ce qui se manifeste dans le temps, alors que l'espèce est hors du temps. L'existence de l'espèce à laquelle nous participons est ainsi hors de l'espace et du temps. Or, ce qui est empirique en nous, comme notre corps et notre être individué, se réalise dans l'espace et dans le temps et c'est dans ce cadre que la mort nous apparaît effectivement effrayante. On ne peut guère aborder ici toutes les implications métaphysiques de la pensée de la mort, mais il faut dissiper une ambiguïté possible. En effet, cette invocation d'une sorte d'éternité de l'homme dans l'espèce ne constitue nullement aux yeux de Schopenhauer une sorte de consolation : il s'agit tout au plus d'un sentiment d'apaisement qui repose sur une volonté lucide de désenchantement de l'existence. On ne peut que rappeler combien toute la pensée du philosophe tend essentiellement à refuser toute signification à la question de Kant : « Que puis-je espérer ? » Toute l'œuvre de Schopenhauer s'efforce de rendre à jamais dépourvue de sens une telle question, pour la simple raison que l'existence réelle, telle que nous la vivons dans l'immanence de l'expérience, oscille sans cesse entre la souffrance et l'ennui. C'est pourquoi l'intention de l'auteur est de dévaloriser à tout jamais la vie, puisqu'elle ne cesse de se révéler dépourvue de finalité et de sens. Rien n'est plus éloigné de la pensée de Schopenhauer que l'idée de Jules Michelet, selon laquelle la mort est une véritable révélation : « Quelle révélation que la mort ! Elle dévoile tout à coup le bien qui est caché dans l'homme »[1] ; ou encore celle d'André Malraux, pour qui « la mort transforme la vie en destin ». Ce lyrisme participe encore à une entreprise de consolation car l'homme ne peut s'identifier à aucune humanité ni à aucune vision universaliste : il n'est qu'une manifestation de la nature se répétant dans le temps. L'homme n'est pas une essence qui manifesterait quelque chose comme une humanité, mais un être qui devient d'autant plus énigmatique que les sciences de la vie se développent. La question du sens de l'existence est intrinsèquement étrangère à toute forme d'objectivation scientifique : elle ne peut être résolue que par la métaphysique ou par l'art. Ce dualisme entre la science et la métaphysique, entre l'expérience empirique de la vie et celle de l'art n'est certes pas absolument nouveau, mais ce qui apparaît pour la première fois dans la pensée occidentale, c'est l'idée d'une absurdité foncière au cœur de toute existence humaine. De même que Schopenhauer est sans doute le premier à concevoir l'expérience esthétique ou, plus exactement, la contemplation esthétique comme une manière fondamentale de se soustraire aux pressions incessantes du Vouloir-vivre, à l'ennui et à la souffrance inhérente à toute vie.

Plus particulièrement, le second texte du recueil, « Affirmation et négation de la volonté de vivre », a exercé une influence considérable sur la littérature, la philosophie et les arts en Europe. Affirmation et négation de la vie sont en fait les deux faces d'une même et seule volonté, d'un même mouvement. Mais cette idée de nier la vie semble obscure, peu familière, et difficile à concevoir encore aujourd'hui. Pour nous familiariser à cette idée, l'auteur recourt, entre autres, à l'iconographie funéraire de l'art romain. Si l'on s'en tient à la comparaison entre les figures animées et colorées des sarcophages dans le polythéisme gréco-romain et les signes funéraires qui couvrent le cercueil chrétien, on peut y voir une opposition amplement développée au XIXe siècle, entre l'épanouissement de la vie et l'exaltation de la mort, entre la satisfaction des pulsions propre à l'hédonisme antique et la mortification du corps et du désir inhérente au christianisme. Celle-là serait le symbole du Vouloir-vivre, celle-ci sa négation sous la forme de l'ascèce.

Schopenhauer est loin de faire sienne une antinomie aussi grossière encore exploitée par maints philosophes. Le mérite de ce texte est d'avoir le premier *théorisé* cette opposition en montrant les conditions psychologiques et métaphysiques de ces formes de négation de la vie qui constituent l'ascèse religieuse. Il est significatif que Schopenhauer analyse particulièrement l'ascétisme chrétien qui s'affirme comme négation explicite et radicale de la sexualité. Son point de vue n'est nullement polémique (critique des dogmes chrétiens ou des idéaux des prêtres) : il ne s'agit pas, comme le font volontiers les modernes, de dénoncer une erreur due à une anthropologie considérée comme aberrante, parce qu'elle ne correspond plus à nos modes d'évaluation du corps ou de la sexualité. Il ne rejette pas l'ascétisme en tant que tel, à l'instar de Nietzsche et de ses héritiers. Bien au contraire, il reconnaît la plus haute valeur au renoncement à la sexualité et à la procréation : à quoi bon s'obstiner à reproduire une vie vouée à la souffrance, aux échecs de toute façon inévitables, à subir l'oppressante contrainte du Vouloir-vivre ? Dans la mesure où la sexualité s'identifie au Vouloir-vivre, il est possible d'affirmer que : « Le symbole de l'existence constante de la volonté de vivre dans le temps, en dépit de tout accroissement de lumière par l'intellect, est le coït. »

La sexualité se trouve à présent située au centre de l'existence et acquiert pour la première fois (du moins depuis Lucrèce) le statut de question philosophique. C'est pourquoi Schopenhauer accorde une si grande importance aux thèses opposées à une telle perspective, à savoir celles des Pères de l'Église selon lesquels le mariage ne serait permis qu'en vue de la procréation des enfants. Il refuse cependant de dissocier le plaisir (« le coït ») et la procréation ; ce mode de génération « froidement prémédité » lui apparaît tel un « coup mortel donné dans un accès de colère ». Le rejet du plaisir et de la procréation peut avoir un sens dans les tendances les plus extrêmes de la doctrine chrétienne, mais l'exclusion du plaisir sexuel exige nécessairement un lourd appareil de justifications souvent sophistiques et rarement satisfaisantes. Selon Schopenhauer, autant être véritablement radical, c'est-à-dire procéder à une négation de la vie en renonçant à la fois à l'acte sexuel et à la procréation. On reconnaît ainsi que l'homme peut se libérer du Vouloir-vivre, que l'ascèce comme la mort soustraient l'homme à l'emprise angoissante de désirs et instincts le plus souvent générateurs de frustrations.

Ce pessimisme sans appel s'appuie sur la certitude intellectuelle d'avoir résolu un problème né de la pensée de Kant : celui de la chose en soi. Selon ce dernier, la connaissance scientifique et philosophique n'a affaire qu'aux phénomènes, non aux objets tels qu'ils sont en eux-mêmes. Tout ce que nous pouvons connaître, ce sont les objets en tant qu'ils nous apparaissent comme phénomènes, et non comme chose en soi, c'est-à-dire comme chose absolument inconnaissable. La solution de Schopenhauer est que l'essence du monde et de tout objet est précisément la chose en soi en tant qu'elle se manifeste comme Volonté de vie. Tout est mû par un principe immanent, un mouvement de croissance et d'accroissement spécifique à tout ce qui vit : l'image d'une forêt peuplé d'arbres divers et d'une végétation anarchique est pour le philosophe particulièrement parlante. Le Vouloir-vivre n'a pas de sens en lui-même, il est toujours expression de soi à travers de multiples formes. C'est ce qui nous aide à comprendre que le désir sexuel et l'espèce sont des réalités qui n'appartiennent pas au temps et ne peuvent être anéantis par la mort. Freud saura théoriser les intuitions encore obscures du philosophe, rappelant que le désir comme l'inconscient sont d'une certaine façon hors du temps.

DIDIER RAYMOND

1. *In* Jules Michelet, *Journal*, éd. Paul Viallaneix, Paris, Gallimard, 1959-1976, t. I, p. 309.

Vie de Arthur Schopenhauer

1766. Naissance à Dantzig de Johanna Henriette Trosenier, fille de Christian Heinrich Trosenier, négociant.

1785. Mariage sans amour avec Heinrich Floris Schopenhauer, de vingt ans son aîné, riche négociant en gros de Dantzig.

1788. Naissance d'Arthur Schopenhauer.

1797. Arthur est placé chez un correspondant de son père au Havre pour y apprendre le français. Son père le destine à une carrière commerciale.

1799. Première série de voyages avec son père qui veut lui apprendre à lire « dans le grand livre du monde ». Ils visitent Hanovre, Cassel, Weimar, Prague, Dresde, Leipzig, Berlin. Schopenhauer tient un journal de voyage. Il se déclare attiré par la vie intellectuelle et veut abandonner ses études commerciales.

De 1803 à 1804. Il effectue divers voyages en Europe : il se rend aux Pays-Bas et revient par Londres où il assiste à une exécution capitale. Puis il fait un séjour à Paris où il est accueilli par Sébastien Mercier et rencontre le Premier consul. Long périple à travers la France. En 1804, il est à Bordeaux où il fréquente les bals et les mascarades. À Toulon, il visite les galères. Impressions vives : « Je considère le sort de ces malheureux plus affreux que la peine de mort. » Réflexion différente de sa mère Johanna qui note : « Si la ville était exposée à la colère de ces 6 000 désespérés, ce qu'on peut imaginer est effroyable. » Il visite la Suisse, admire le mont Blanc et éprouve de très fortes émotions esthétiques. Voyage enfin en Autriche. Bilan de cette traversée de l'Europe : « La vie est un dur problème, j'ai résolu de consacrer la mienne à y réfléchir. »

1805. Entreprend des études commerciales à contrecœur.

1806. Suicide de son père. Pense que la mésentente de ses parents n'est pas étrangère à ce drame.

1807. Délivré de sa promesse, entreprend avec l'accord de sa mère des études secondaires.

1807-1808. Poursuit ses études à Weimar. Apprend les langues anciennes, lit Homère.

1809. Rencontre l'actrice Caroline Jageman lors d'un bal masqué. Le 9 octobre de la même année, inscription à Göttingen en faculté de médecine. Pratique des dissections, étudie l'anatomie avec Hempel, la physiologie avec Blumenbach. Fréquente les hôpitaux psychiatriques.

1810. Il s'inscrit à la faculté de philosophie. Découvre Platon, Kant, Aristote. S'initie au kantisme avec Schulze.

1810. Université de Berlin. Suit les cours de Schleiermacher, de Lichtenstein en zoologie. Assiste au cours de Fichte. Dans un premier temps, perplexité : « Je dois avouer que tout ce qui se dit est très obscur, mais il est possible que je n'aie pas compris convenablement. » Deuxième temps, agacement : « Il a dit des choses qui me donnent envie de lui mettre un pistolet sur la gorge. »

1813. Retour à Weimar. Excédé par la vie mondaine de sa mère qu'il compare à une veuve joyeuse. Soupçonne Frederich Müller von Gerstenberg, hôte à demeure de Johanna, d'être son amant. Échanges vifs avec celui-ci, heurts avec sa mère. Sarcasmes réciproques.

Juin. Guerre d'indépendance. Toute l'Allemagne se dresse contre Napoléon. Schopenhauer reste à l'écart et rédige sa thèse de doctorat : *La Quadruple Racine du principe de raison suffisante.* Il la soutiendra avec succès le 10 octobre à l'université d'Iéna.

5 novembre. Rencontre de Goethe à Weimar. Le poète suggère à Schopenhauer de travailler à une théorie anti-newtonienne de la vision d'où naîtra l'*Essai sur les couleurs.* Nouvelles disputes avec sa mère à la suite desquelles il quitte Weimar et ne la reverra jamais.

1814. Rédaction du *Monde comme volonté et comme représentation.*

1816. Parution de *De la vision et des couleurs.* Liaison avec une femme de chambre qui tombe enceinte. Départ pour l'Italie.

Fin 1819. Chargé de cours à l'université de Berlin. Choisit de faire ses cours à la même heure que Hegel.

1819. Parution du *Monde comme volonté et comme représentation* chez Brockhaus à Leipzig.

1822. Second séjour en Italie.

1823. Munich : maladies. Remonte au nord par Stuttgart, Mannheim.

1825. Retour à Berlin. Hegel est toujours à la mode. Velléités de cours. Échec d'un projet de traduction. Refus des éditeurs.

1827. Cherche un poste dans une université d'Allemagne du Sud. Échec.

1831. Arrivée à Francfort. Renoue plus tard avec sa mère et sa sœur, du moins épistolairement. Périodes de dépression. Vie solitaire avec sa gouvernante et son chien. Il s'est installé dans un petit appartement. Aux murs de son salon sont accrochés des portraits de chiens, alternant avec ceux de Platon, de Kant et d'autres.

1835. Brockhaus lui signale que les ventes du *Monde comme volonté et comme représentation* sont toujours nulles. Publie *De la volonté dans la nature,* où il fait l'éloge des deux médecins français, Cabanis et Bichat. Nouvel échec.

1837. Concours de la Société royale de Norvège sur la liberté. Schopenhauer obtient le prix le 26 janvier. Deuxième concours de la Société royale de Copenhague sur l'origine et le fondement de la morale. Échec.

1838. Mort de Johanna Schopenhauer.

1843. Propose à Brockhaus une nouvelle édition du *Monde comme volonté et comme représentation.* Refus de l'éditeur. Schopenhauer soumet une édition de cet ouvrage sans les Suppléments. L'éditeur accepte. Quelques admirateurs deviennent des disciples : Dorguth, Becker, Frauenstadt.

1846. Schopenhauer s'enquiert de l'état des ventes. Brockhaus répond : « J'ai fait une mauvaise affaire. »

1851. Parution des *Parerga et Paralipomena.*

1853. Début de la notoriété du philosophe.

1854. La faculté de Leipzig met en concours un mémoire sur sa philosophie. Schopenhauer devient célèbre.

1859. Troisième édition du *Monde comme volonté et comme représentation.*

21 septembre 1860. Mort de Schopenhauer.

Repères bibliographiques

Publications du vivant de Schopenhauer

- *1813. De la quadruple racine du principe de raison suffisante.*
- *1816. De la vision et des couleurs.*
- *1819. Le Monde comme volonté et comme représentation.*
- *1836. De la volonté dans la nature.*
- *1841. Deux problèmes fondamentaux de l'éthique* (Essai sur le libre arbitre et le fondement de la morale.)
- *1844. Le Monde comme volonté et comme représentation.* 2e édition comprenant les *Suppléments.*
- *1851. Parerga et Paralipomena.*
- *1859.* 3e édition du *Monde comme volonté et comme représentation.*

Éditions globales

Parmi les éditions des œuvres complètes de Schopenhauer, on notera : une édition publiée par J. Frauenstadt, Leipzig, 1873-1874.

L'édition publiée par Griesebach en 1892.

L'édition intégrale publiée par A. Hubscher en 1968, comprenant les inédits (Francfort-sur-le-Main, Waldemar Kramer). Une édition au format livre de poche en 1978 (10 vol. Detebe, 140/1-X).

La correspondance complète, établie par Hubscher, est parue chez Bouvier (Bonn, 1979).

Principales traductions françaises

- *L'Art d'avoir toujours raison*, traduction de Dominique Miermont, postface de Didier Raymond, Mille et une nuits, 1998
- *L'Art d'être heureux à travers cinquante règles de vie*, traduction de Jean-Louis Schlegel, présentation de Franco Volpi, Le Seuil, 2001.
- *Correspondance complète*, traduction de Christian Haedicke, préface de Frédéric Pagès, Éditions Alive, 1996.
- *De la quadruple racine du principe de raison suffisante* a été traduit par Cantacuzène en 1882, puis par Jean Gibelin (Vrin). Réédité en 1991 par Vrin, traduction et notes de François-Xavier Chenet.
- *Douleurs du monde*, traduction de Jean Bourdeau, notes et introduction de Didier Raymond, Rivages, 1991.
- *L'Essai sur le libre arbitre* a été traduit par S. Reinach en 1984. Réédité chez Rivages dans une édition revue et corrigée par Didier Raymond, 1992.
- *Insultes*, choix de textes, présentation et notes de Didier Raymond, Éditions du Rocher, 1991.
- *Le Journal de voyage*, traduction et préface de Didier Raymond, Mercure de France, 1988.
- *Le Monde comme volonté et comme représentation* a été traduit en 1886 par J. A. Cantacuzène, puis par Jean Bourdeau en 1888. La dernière traduction est de Richard Roos (PUF, 1966).
- Les *Parerga et Paralipomena* ont été traduits par Auguste Dietrich et publiés chez Alcan entre 1907 et 1912 (8 vol.).

Sur Schopenhauer

- Baillot (Alexandre), *Influence de la philosophie de Schopenhauer en France*, Vrin, 1927.
- Bossert (Adolphe), *Schopenhauer, Schopenhauer*, Hachette, 1904.

- Bréhier (Émile), « L'unique pensée de Schopenhauer », *Revue de métaphysique et de morale*, octobre 1938.
- Fauconnet (André), *L'Esthétique de Schopenhauer*, Alcan, 1913. « Schopenhauer précurseur de Freud », Mercure de France, décembre 1933.
- Piclin (Michel), *Schopenhauer ou le tragédien de la volonté*, Seghers.
- Ribot (Théodule), *La Philosophie de Schopenhauer*, Alcan, 1888.
- Rosset (Clément), *Philosophe de l'absurde*, PUF, 1967. *L'Esthétique de Schopenhauer*, PUF, 1969.
- Ruyssen (Théodore), *Schopenhauer*, Alcan, 1911.
- Pernin (Marie-José) *Schopenhauer, le déchiffrement de l'énigme du monde*, Bordas, 1922.
- Philonenko (Alexis), *Schopenhauer*, Vrin, 1980.
- Collectif sur Schopenhauer : *Schopenhauer et la création littéraire en Europe*, sous la direction d'Anne Henry, Klincksieck, 1989.
- Cahier de l'Herne, *Schopenhauer*, 1997.

Mille et une nuits propose des chefs-d'œuvre pour le temps d'une attente, d'un voyage, d'une insomnie…

La Petite Collection (extrait du catalogue) 525. Lord CHESTERFIELD, *Conseils à mon fils. Choix de lettres.* 526. Karl MARX, *La Guerre civile en France.* 527. Jean-Baptiste BOTUL, *La Métaphysique du Mou.* 528. Denis DIDEROT, *Pour une morale de l'athéisme. Entretien d'un philosophe avec la maréchale de ***.* 529. Henry David THOREAU, *Balade d'hiver, Couleurs d'automne.* 530. Damouré ZIKA, *Journal de route.* 531. Sébastien Bailly, *Le Meilleur de l'absurde.* 532. Gilbert Keith CHESTERTON, *La Morale des elfes.* 533. Georges PALANTE, *La Sensibilité individualiste.* 534. CATULLE, *Poèmes à Lesbie et autres poèmes d'amour.* 535. OULIPO, *Oulipo. Pièces détachées.* 536. EÇA DE QUEIROS, *Les Anglais en Égypte.* 537. Joseph de MAISTRE, *Contre Rousseau (De l'état de nature).* 538. ANONYME, *Va te marrer chez les Grecs (Philogelos).* 539. Patrick BESSON, *Et la nuit seule entendit leurs paroles.* 540. Frédéric H. FAJARDIE, *Une charette pleine d'étoiles.* 541. Arthur SCHOPENHAUER, *Métaphysique de l'amour sexuel.* 542. Khalil GIBRAN, *Jésus, Fils de l'Homme.* 543. Emily BRONTË, *Devoirs de Bruxelles.* 544. COLLÈGE DE 'PATAPHYSIQUE, *Le Cercle des pataphysiciens.* 545. Sébastien BAILLY, *Le Meilleur de l'humour noir.* 546. SÉNÈQUE, *L'Art d'apaiser la colère.* 547. Sébastien BAILLY, *Le Meilleur de l'amour.* 548. ARISTOPHANE, *Lysistrata. Faisons la grève du sexe.* 549. Friedrich ENGELS, *La Situation des classes laborieuses en Angleterre. Dans les grandes villes.* 550. Georges COURTELINE, *La Philosophie de Georges Courteline.* 551. Blaise PASCAL, *Trois Discours sur la condition des Grands.* 552. Élisée RECLUS, *L'Anarchie.* 553. François CARADEC, *Entrez-donc, je vous attendais.* 554. Benjamin FRANKLIN, *Bagatelles et autres textes.* 555. Honoré de BALZAC, *Z. Marcas.*

Pour chaque titre, le texte intégral, une postface, la vie de l'auteur et une bibliographie.

49.4932.7/05
Achevé d'imprimer en avril 2009
par La Nouvelle Imprimerie Laballery (Clamecy, France) – N° d'impression : 904226.

La Nouvelle Imprimerie Laballery est titulaire de la marque Imprim'Vert

Pour l'éditeur, le principe est d'utiliser des papiers composés de fibres naturelles, renouvelables, recyclables et fabriquées partir de bois issus de forêts qui adoptent un système d'aménagement durable. En outre, l'éditeur attend de ses fournisseurs de papier qu'ils s'inscrivent dans une démarche de certification environnementale reconnue.